LE DÉBUT DE LA LECTURE, C'EST PAR LÀ !
JE CROIS QU'ILS CONNAISSENT DÉJÀ LE MODE D'EMPLOI, TU SAIS !

LES CHEVALIERS DU FIEL

EN LIBERTÉ

1

Cette BD est une coédition
cherche midi/France Bleu

23, rue du Cherche-Midi
75006 Paris

www.francebleu.fr

Maquette : Bruno Hamaï

Achevé d'imprimer en juin 2015
sur les presses de Loire offset Titoulet
Dépôt légal : juin 2015
N° d'édition : 4282 – N° d'impression : 201504.1142
ISBN : 978-2-7491-4282-1

FSC www.fsc.org
MIXTE
Papier issu de
sources responsables
FSC® C003309

Les papiers utilisés dans cet ouvrage
sont issus de forêts responsablement gérées.

Éric Carrière / Francis Ginibre

LES CHEVALIERS DU FIEL

EN LIBERTÉ

1

Par Veys et Coicault

Couleur : Sylvie Sabater

france bleu
cherche midi

Des mêmes auteurs
au cherche midi éditeur

Almanach du rire

ON AIR
C'EST PARTI ?
C'EST PARTI !
MARION
YVONNE
VÉRONIQUE
MARYLOU
THIBAULT
VIOLAINE
LIVRAISON
AVIS DE SAISIE

ÉMILE ET FERNAND S'OCCUPENT DE LA CHINE
ILS ARRIVENT À QUELLE HEURE, TES CHINOIS ?
OH, ILS NE DEVRAIENT PAS TARDER.
ILS VIENNENT POUR QUOI, DÉJÀ ?
POUR UN STAGE : ILS VEULENT ÉTUDIER NOS MÉTHODES DE TRAVAIL.
DE TRAVAIL ? EH BÉ.
AH, LES VOILÀ.
C'EST VOUS LE CAMARADE ÉMILE ?
SALUT, LES GARS.
DÉTENDEZ-VOUS : VOUS ÊTES EN FRANCE DU SUD.
QU'EST-CE QUE C'EST ?
C'EST COMME À TAHITI : EUX, ILS DONNENT DES COLLIERS DE FLEURS EN SIGNE DE BIENVENUE, NOUS, ON VOUS ÉPINGLE UN JOLI BADGE.
LES CAMARADES VOUDRAIENT VOIR VOS MÉTHODES DE TRAVAIL.
OH, DOUCEMENT. IL EST TROP TÔT POUR EMBAUCHER, LÀ.
NON, MAIS TU VOIS UN PEU ÇA, FERNAND ? ILS VEULENT TRAVAILLER, COMME ÇA, TOUT DE SUITE.
C'EST DES FOUS FURIEUX.

VENEZ ICI. J'AI PRÉPARÉ LE MATÉRIEL.
?
?
?
DISTRIBUE LES BOULES, S'IL TE PLAÎT, FERNAND.
POUR LA PRODUCTIVITÉ, D'ABORD ON S'ÉCHAUFFE MUSCULAIREMENT À LA PÉTANQUE. C'EST COMME VOTRE GYMNASTIQUE À VOUS.
?
REGARDEZ BIEN : JE PLACE MA BOULE.
OH DIS DONC, PAS MAL !
MERCI, FERNAND.
TOI, TU TIRES.
ALLEZ, VAS-Y À FOND ! LANCE-LA !
HUMPF !
MAURICE PASTACHOULI
PORCELAINES FINES
PENG
CRASH
BLING
ÇA VA PAS, NON ! VOUS ÊTES CINGLÉS ?!
OH ! MAURICE, T'AS PAS FINI DE GUEULER ? TU VOIS PAS QU'ILS DÉBUTENT ?!
BEN OUI, UN PEU DE PATIENCE, QUOI. C'EST DES CHINOIS.
UN PEU PLUS TARD.
ILS ONT PERDU TRENTE PARTIES D'AFFILÉE ... C'EST PEUT-ÊTRE PAS LEUR TRUC, LES BOULES. C'EST CULTUREL, TOUT ÇA.
OUAIS, TU AS RAISON. ON VA EN RESTER LÀ POUR L'INSTANT.

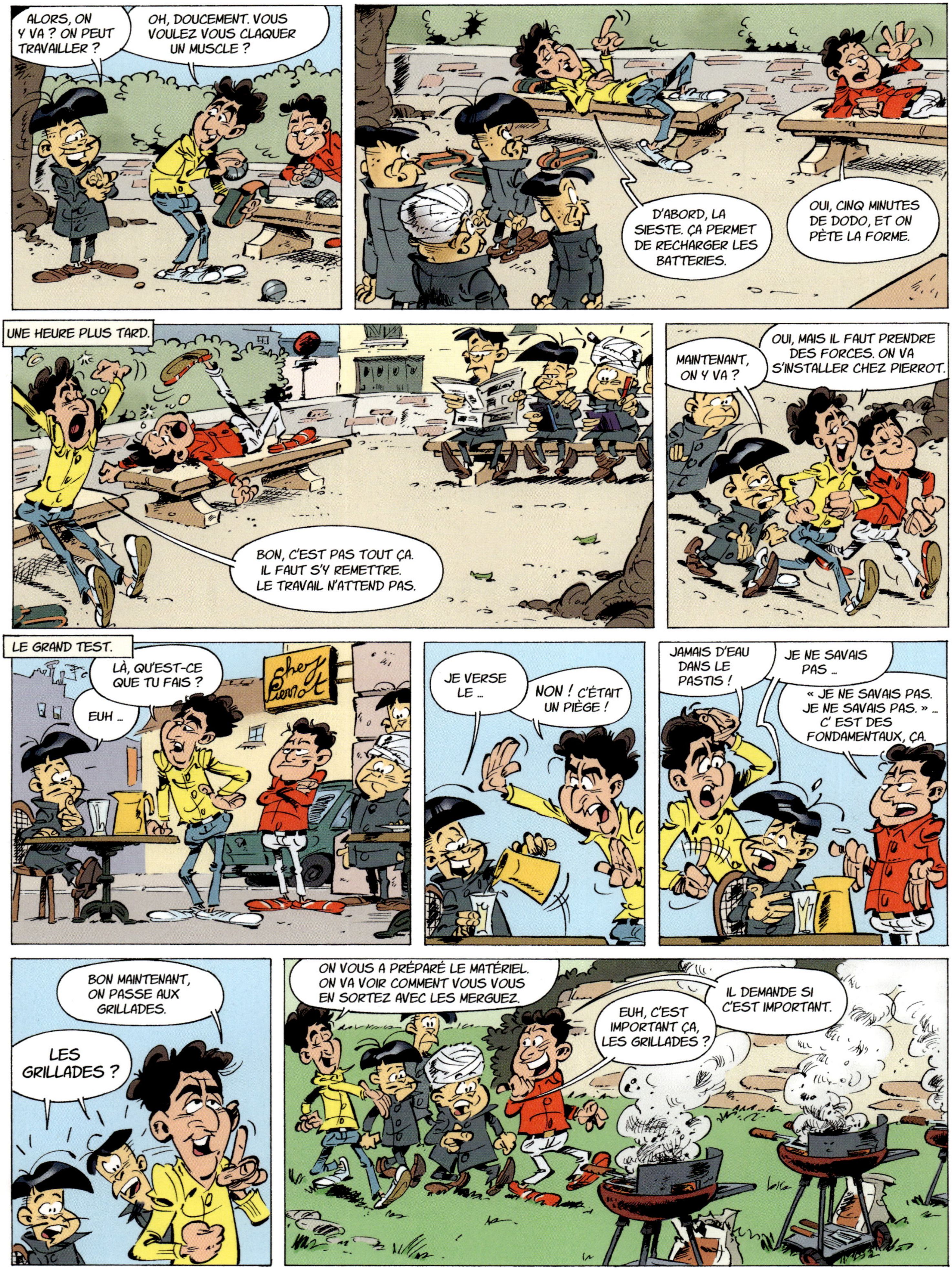

ALORS, ON Y VA ? ON PEUT TRAVAILLER ?
OH, DOUCEMENT. VOUS VOULEZ VOUS CLAQUER UN MUSCLE ?
D'ABORD, LA SIESTE. ÇA PERMET DE RECHARGER LES BATTERIES.
OUI, CINQ MINUTES DE DODO, ET ON PÈTE LA FORME.
UNE HEURE PLUS TARD.
BON, C'EST PAS TOUT ÇA. IL FAUT S'Y REMETTRE. LE TRAVAIL N'ATTEND PAS.
MAINTENANT, ON Y VA ?
OUI, MAIS IL FAUT PRENDRE DES FORCES. ON VA S'INSTALLER CHEZ PIERROT.
LE GRAND TEST.
Chez Pierrot
LÀ, QU'EST-CE QUE TU FAIS ?
EUH ...
JE VERSE LE ...
NON ! C'ÉTAIT UN PIÈGE !
JAMAIS D'EAU DANS LE PASTIS !
JE NE SAVAIS PAS ...
« JE NE SAVAIS PAS. JE NE SAVAIS PAS. » ... C' EST DES FONDAMENTAUX, ÇA.
BON MAINTENANT, ON PASSE AUX GRILLADES.
LES GRILLADES ?
ON VOUS A PRÉPARÉ LE MATÉRIEL. ON VA VOIR COMMENT VOUS VOUS EN SORTEZ AVEC LES MERGUEZ.
EUH, C'EST IMPORTANT ÇA, LES GRILLADES ?
IL DEMANDE SI C'EST IMPORTANT.

PAS MAL, PAS MAL. C'EST BIEN, TU AS RETOURNÉ LES SAUCISSES AVEC LE BON TIMING.
ÉMILE ! LÀ, IL Y EN A UN QUI NE LE FAIT PAS CORRECTEMENT !
OH, LE MASSACRE ! NON MAIS C'EST QUOI, CE TRAVAIL ?
TU VEUX RENTRER EN CHINE AVEC LA HONTE ?
BON, DANS L'ENSEMBLE, C'EST PAS MAL.
À PART MONSIEUR, LÀ.
ON VA EN RESTER LÀ POUR AUJOURD'HUI : IL NE FAUT PAS SE TUER À LA TÂCHE. DEMAIN EST UN AUTRE JOUR, COMME DISAIT LAO-TSEU.
MAIS, IL N'EST QUE 15H30 ...
ON CONTESTE ?
UN MOIS PLUS TARD, STAGE FINI, LES CHINOIS RENTRENT CHEZ EUX.
ALORS CAMARADES, CE STAGE EN FRANCE ?
OH PUTAIN, C'ÉTAIT INTENSE ...
OUAIS, ILS SONT FORTS, CES GARS-LÀ.
TIENS, ASSIEDS-TOI QUE JE TE RACONTE. DÉTENDS-TOI ET PRENDS UN JAUNE.
FIN

yvonne qui est bonne conseille marylou de fitou qui est folle de jean-paul
MESDAMES, MESSIEURS, BONJOUR, BIENVENUE DANS LA PSYCHOLOGIE SUR FRANCE BLEU AVEC YVONNE QUI EST ...
BONNE
ON SE RETOURNE VERS LE STANDARD. QUI EST EN LIGNE ?
YVONNE EST BONNE, C'EST MARYLOU DE LA CAVE COOPÉRATIVE DE FITOU !
ÇA RIME. TRÈS BIEN. JE VOUS ÉCOUTE.
JE SUIS SECRÉTAIRE TRILINGUS, ET J'AI UN COLLÈGUE DE BUREAU DONT JE SUIS FOLLE.
ALLEZ, RACONTEZ-NOUS, MARYLOU DE FITOU.
La belle vigne
AU DÉBUT, JE NE M'ÉTAIS RENDU COMPTE DE RIEN. JE LE CROISE TOUS LES MATINS À LA PHOTOCOPIEUSE. C'ÉTAIT BONJOUR-BONSOIR. MAIS QUAND JE REVENAIS DANS MON BUREAU ...
J'ÉTAIS TOUTE CHOSE : LES MAINS MOITES, LE COEUR BATTANT ...
?
TOTOUM TOTOUM TOTOUM
PLIC PLIC PLOC
ET PUIS J'AI REMARQUÉ QUE C'ÉTAIT CHAQUE FOIS QUE JE CROISAIS JEAN-PAUL ...
JEAN-PAUL ?
EN FAIT, IL S'APPELLE JEAN-CLAUDE. JEAN-CLAUDE LESTRADE, MAIS JE NE VEUX PAS QU'ON LE RECONNAISSE.
DÉCRIVEZ-NOUS CE JEAN-CLAUDE QUI VOUS REND FOLLE.
CONTENTIEUX
IL EST BEAUUUU ... IL A UN GILET SANS MANCHE EN FEUTRINE BORDEAUX ...
MMMM !
UN PANTALON GRIS EN FLANELLE, MAIS EN COUPE JEAN ... JEAN JEUNE, VOUS VOYEZ.
ET DES SANDALETTES AVEC DES CHAUSSETTES BLANCHES.
OOOOH ! ÇA FAIT RÊVER !
ÇA FAIT LONGTEMPS QUE VOUS LE CROISEZ ?
8 ANS ET DEMI.
AAAAH, QUAND MÊME. IL FAUDRAIT PASSER À L'ACTION, LÀ.

JAMAIS IL N'A COMPRIS VOS SENTIMENTS ?
JAMAIS ! JE SUIS DÉSESPÉRÉE !
IL FAUT ATTAQUER, LÀ, MARYLOU ! IL FAUT LÂCHER LES CHEVAUX !
MAIS JE N'AI PAS DE CHEVAUX ...
C'EST UNE IMAGE, MARYLOU.
BON ALORS, VOILÀ CE QUE VOUS ALLEZ FAIRE : L'AIR DE RIEN, VOUS ARRIVEZ PRÈS DE LUI, ET LÀ VOUS SIMULEZ UN MALAISE ...
UN MALAISE ?
AAAAAAA
QUEL GENRE DE MALAISE ? UN MALAISE GASTRIQUE ? EN CE MOMENT JE SUIS UN PEU BALLONNÉE ET J'AI DES GAZ ...
NON PAS ÇA, PLUTÔT UN MALAISE ÉLÉGANT, GENRE « DAME AUX CAMÉLIAS » ...
VOUS PERDEZ CONNAISSANCE. VOUS VOUS PÂMEZ.
PAMIERS ? COMME PAMIERS EN ARIÈGE ?
NON : VOUS VOUS PÂMEZ : JE ME PÂME, TU TE PÂMES ... DU VERBE PÂMER.
IL VIENT PRENDRE DE VOS NOUVELLES, ET LÀ VOUS SORTEZ LE GRAND JEU : VOUS L'ATTRAPEZ PAR LE COU, ET VOUS LUI ROULEZ UNE PELLE.
MAIS ATTENTION : UNE PELLE DE GUERRE ! VOUS LUI FAITES TOUT : MOLAIRES, PRÉMOLAIRES, LES BRIDGES ... À DONF, MARYLOU !
NORMALEMENT, IL VA EMBRAYER, ET VOUS CONNAÎTREZ UN COÏT. ET CE SERA LE DÉBUT D'UNE BELLE HISTOIRE...
DES QUESTIONS ?
OUI. QU'EST-CE QU'UN « COÏTRE » ?
C'EST LA PÉNÉTRATION, ET DONC L'ORGASME.
OH!
BON, J'Y VAIS.
FAUT METTRE LE PAQUET, MARYLOU !

CIEL ! JE ME PÂME ...
?
BRENG!
CRAC!
MARYLOU, ÇA VA ? QUE ...
HÉ!
SCHOURP!
MMMMMM !
SCHLAP
SCHLUUUURP
SCHLOOOOOO
ÇA A L'AIR DE BIEN SE PASSER ...
ET VOUS, LES AUDITRICES QUI NOUS ÉCOUTEZ, N'OUBLIEZ JAMAIS CETTE PHRASE QUI J'ESPÈRE, À L'AVENIR, VOUS GUIDERA ...
MARYLOU ! MMMM !
VOUS M'ÉTOUFFEZ ! MMMMM !
AU SECOURS
... LA JOUISSANCE EST À L'AMOUR CE QUE LE KETCHUP EST AU MCDO. C'EST-À-DIRE : INDISPENSABLE.
SCRAAATCH
MON PANTALON EN FLANELLE !
JEAN-CLAUDE ! TU ME RENDS FOLLE !
ET C'EST SUR CETTE PHRASE MAGIQUE QUE NOUS NOUS QUITTERONS. BISES À TOUS, AU REVOIR.
MARYLOU ... VOUS ME FAITES MAL ! AÏE AÏE!
PRENDS-MOI NUE DANS LA SIMCA MILLE !
FIN

JOUR DE FÊTE
CÉDEZ LE PASSAGE
L'IDOLE DES JAUNES
BAR
ÇA VA ENCORE ÊTRE DUR, LE RÉVEILLON DE CE SOIR ...
ATTENDS, FERNAND, UN RÉVEILLON DE 31 DÉCEMBRE, ÇA S'ANTICIPE, ÇA SE PRÉPARE.
IL FAUT DRESSER LE FOIE, IL FAUT LE TRAVAILLER DOUCEMENT POUR QU'IL COMPRENNE OÙ IL VA.
TOUTE L'ANNÉE ON L'A ENTRAÎNÉ AVEC DU JAUNE, DU JAUNE, DU JAUNE. MAIS LE 31 DÉCEMBRE, C'EST SA SOIRÉE À LUI !
C'EST SA FÊTE.
IL FAUT EN FAIRE L'ARNOLD SCHWARZENEGGER DU FOIE ! ALORS ON COMMENCE MAINTENANT, À MIDI, AVEC AU MINIMUM DEUX JAUNES AVANT LE REPAS !
MAIS C'EST NORMAL. C'EST MÊME NORMAL MOINS.
ET QUAND ARRIVE L'ENTRÉE, TU REPRENDS DEUX JAUNES ! HOP !...
AAAAH D'ACCORD, C'EST POUR LE SURPRENDRE.
OUI, ARNOLD, IL SOULEVAIT DE PLUS EN PLUS LOURD POUR SURPRENDRE SES MUSCLES.
GLOP
ARRIVE LE DESSERT, HOP ! DEUX AUTRES !...
LE CAFÉ, HOP !...
LÀ, JE CROIS QU'IL A BIEN ÉTÉ SURPRIS, LE FOIE.
T'AS RAISON ... ON L'ENDORT, IL SE MÉFIE PAS, ET HOP ! ON REMET UNE COUCHE !
PAF
IL EST MINUIT ! BONNE ANNÉE !
ET SURTOUT, UNE BONNE SANTÉ !

MAIS JE TROUVE ÇA TOTALEMENT SCANDALEUX : ÇA DEVRAIT ÊTRE TOUS LES JOURS DE L'ANNÉE, LA JOURNÉE DE LA FEMME. QUE SERIONS-NOUS SANS LA FEMME ? LA FEMME EST L'AVENIR DE L'HOMME, DISAIT LE POÈTE.
OH, OH, OH ! QU'EST-CE QUE TU ES DÉMAGO, TOI !
BEN OUI, MAIS MOI, CE SOIR, JE DORS CHEZ MOI, ALORS...

LA BOUCHERIE

ET MA FEMME PREND LE COUTEAU À ESCALOPE ... C'EST UNE LAME DE RASOIR !
ZIC
DANS LE NOIR, ON ENTEND LE FUMIER QUI FARFOUILLE ...
JE LUI CHOPE LES CHEVEUX !
MA FEMME LE PERCE AU COUTEAU À ESCALOPES, ET MOI JE LUI SECTIONNE LES DEUX MAINS !
ZAC
Y'EN A UN PEU PLUS, JE VOUS LE METS QUAND MÊME ?
HEIN ?
C'EST UNE PETITE BLAGUE POUR DÉTENDRE L'ATMOSPHÈRE. ÇA VA PLAIRE À VOS AUDITEURS.
OUI, ELLE EST BONNE.
ENSUITE ON ENTEND : PSCHI PSCHI ...
?
C'ÉTAIT LA SCIURE QUI ABSORBAIT LE SANG.
PSCHI
PSCHI
ET APRÈS, VOUS ALLUMEZ LA LUMIÈRE , ET C'ÉTAIT ?
MON FILS, JEAN-LUC... IL AVAIT PAS SES CLEFS DE DERRIÈRE, IL EST PASSÉ PAR LA BOUTIQUE.

QU'AVEZ-VOUS FAIT, ENSUITE ?
AVEC MA FEMME, ON A FINI LE PLAT DE TRIPOUX ... ON A PLEURÉ UN PEU ... ET PUIS APRÈS, ON A TIRÉ LES CONCLUSIONS.
QUI SONT ?
C'EST LA FAUTE À JEAN-LUC, ÇA C'EST SÛR. ET SURTOUT, C'EST LA FAUTE AUX ÉTRANGERS. S'IL N'Y AVAIT PAS EU DES ÉTRANGERS DANS LA RUE. ON AURAIT ÉTÉ MOINS ÉNERVÉS. ET ON AURAIT PARLÉ, AVANT DE TUER !
BON, EH BIEN, MERCI ... JE CROIS QU'ON A TOUT, LÀ.
BOU
PFIOUUU, PLUTÔT NERVEUX, LE COCO. C'EST UN SANGUIN.
HORIE
AH, ZUT. J'AI OUBLIÉ LE PORTABLE DANS LA BOUTIQUE.
FRANCE bleu
MINCE, IL A FERMÉ : IL N'Y A PLUS DE LUMIÈRE ...
AH NON, LA PORTE EST OUVERTE ...
BOUCHER
MONSIEUR LELONG ? ... IL Y A QUELQU'UN ?
OH, LES FUMIERS ! C'EST LES ROUMAINS QUI REVIENNENT !
HEIN ?!?
MAIS ... MAIS NON, ATTENDEZ ! C'EST MOI ! JE ...
BOUCHERIE LELONG
TCHAC
KSSS
FIN

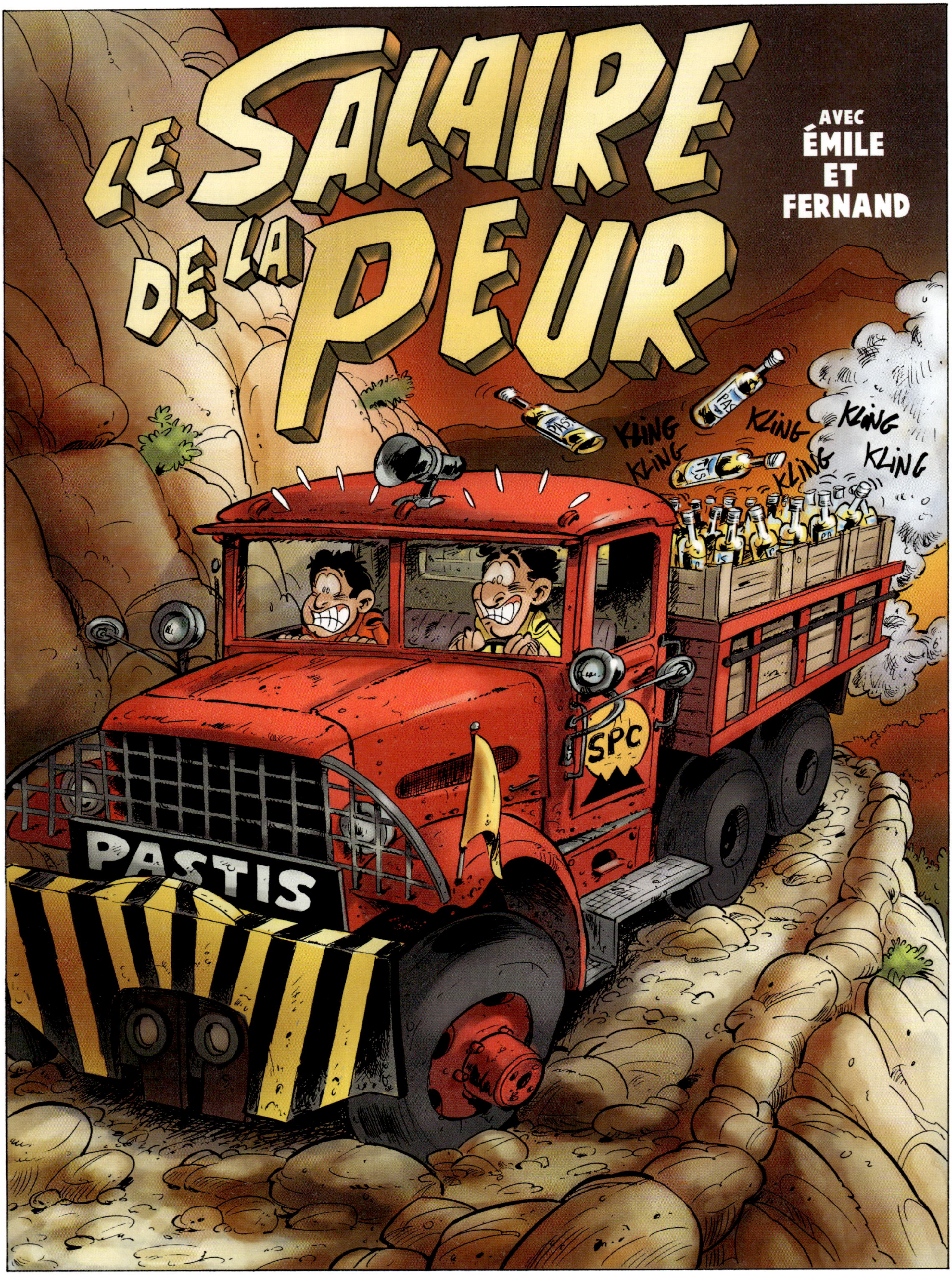
LE SALAIRE DE LA PEUR
AVEC ÉMILE ET FERNAND
KLING KLING
KLING
KLING
KLING
KLING
PASTIS
SPC

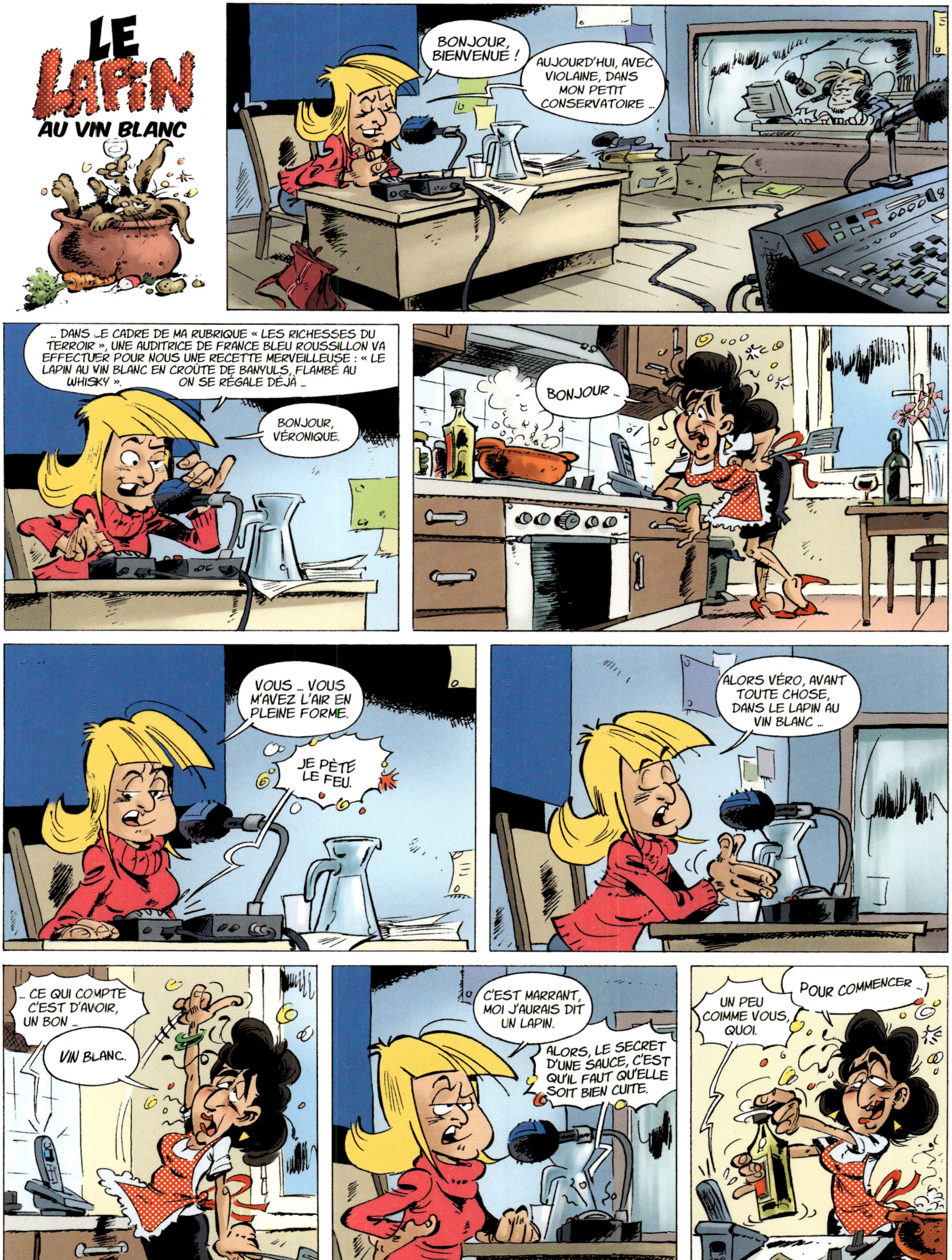
LE LAPIN AU VIN BLANC
BONJOUR, BIENVENUE !
AUJOURD'HUI, AVEC VIOLAINE, DANS MON PETIT CONSERVATOIRE ...
... DANS LE CADRE DE MA RUBRIQUE « LES RICHESSES DU TERROIR », UNE AUDITRICE DE FRANCE BLEU ROUSSILLON VA EFFECTUER POUR NOUS UNE RECETTE MERVEILLEUSE : « LE LAPIN AU VIN BLANC EN CROÛTE DE BANYULS, FLAMBÉ AU WHISKY ». ON SE RÉGALE DÉJÀ ...
BONJOUR, VÉRONIQUE.
BONJOUR ...
VOUS ... VOUS M'AVEZ L'AIR EN PLEINE FORME.
JE PÈTE LE FEU.
ALORS VÉRO, AVANT TOUTE CHOSE, DANS LE LAPIN AU VIN BLANC ...
... CE QUI COMPTE C'EST D'AVOIR, UN BON ...
VIN BLANC.
C'EST MARRANT, MOI J'AURAIS DIT UN LAPIN.
ALORS, LE SECRET D'UNE SAUCE, C'EST QU'IL FAUT QU'ELLE SOIT BIEN CUITE.
UN PEU COMME VOUS, QUOI.
POUR COMMENCER ...

VOUS FAITES REVENIR LES ÉCHALOTES ?
NON, ELLES SONT LÀ DÈS LE DÉBUT.
NON, JE VEUX DIRE : VOUS LES FAITES RISSOLER.
AAAAAAH ... OUI, À L'HUILE.
DONC ÉCHALOTES, ET PUIS ...
J'EN METS UN DÉ À COUDRE, JUSTE POUR HUMIDIFIER.
DEUX LITRES DE VIN BLANC ...
ÇA FAIT PAS UN PEU TROP ALCOOLISÉ ?
AH NON, ÇA IL FAUT ÉVITER ...
ÇA S'ENTEND BIEN À VOTRE DICTION D'AILLEURS.
POUR CELA, UNE TECHNIQUE SIMPLE : QUAND LE VIN CHAUFFE, IL FAUT SE METTRE BIEN AU-DESSUS DE LA CASSEROLE, ET ON SENT QUE L'ALCOOL S'EN VA ...
?
IL SE PERD DANS L'AIR ...
PAS QUE DANS L'AIR QUAND MÊME, HEIN.
QUAND LE VIN COMMENCE À RÉDUIRE, ON Y AJOUTE UNE POINTE DE PORTO.
TIENS DONC. COMBIEN DE PORTO ?

UNE POINTE. IL NE FAUT PAS QUE ÇA DÉNATURE ... JE DIRAIS UN DEMI-LITRE.
BON, TRÈS BIEN. LES ÉCHALOTES SONT REVENUES, LE VIN BLANC ET LE PORTO S'ÉVAPORENT. ET QUE SE PASSE-T-IL ?
LÀ, ÇA MIJOTE. IL FAUT QUE ÇA RISSOLE.
ALORS, ENSUITE ?
BLOUB
ATTENTION, PARCE QUE L'ACIDITÉ DU VIN BLANC PEUT ÊTRE FORTE.
HIPS!
AH.
DANS CE CAS, JE VAIS DONNER UN TRUC À TOUTES LES AUDITRICES DE FRANCE BLEU : IL FAUT AJOUTER UNE POINTE DE PASTIS.
VOUS ENTENDEZ QUOI, PAR « UNE POINTE » ? UN DEMI-LITRE ?
OH, COMME VOUS LE SENTEZ ... C'EST JUSTE POUR ADOUCIR UN PEU.
BLOUB
ROGER, MON CHÉRI, TU DEVRAIS PAS ALLUMER TA CIGARETTE ICI ...
BAOUM
ILS ONT EU DE LA CHANCE : ILS SONT MÊME PAS BLESSÉS.
OUI, ICI DANS LE ROUSSILLON, ON A DÉJÀ EU BEAUCOUP D'ACCIDENTS AVEC CETTE SALOPERIE DE RECETTE : C'EST DANGEREUX, LE LAPIN.

FIN

FERNAND, ROI DU ZEN
CHA
FERNAND ?!?
QU'EST-CE QUI T'ARRIVE ?
MIAM
JE SUIS DEVENU BOUDDHISTE. J'AI PRIS LA CARTE.
BOUDDHISTE ? COMME LE DALIDA-LAMA ?
OUI, MAINTENANT JE SUIS ZEN, COMME LUI. JE NE M'ÉNERVE PLUS. JAMAIS UN MOT PLUS HAUT QUE L'AUTRE. RIEN NE M'ATTEINT.
BEN DIS DONC ...
TU PRENDS L'APÉRO ?
AH, JE SUIS BÊTE : T'AS PEUT-ÊTRE PAS LE DROIT DE BOIRE DANS TA RELIGION ?
SI, POURQUOI ? TU CONFONDS AVEC LES ALCOOLIQUES ANONYMES.
MAIS VOUS, LES BOUDDHISTES, VOUS SUIVEZ UN RÉGIME SPÉCIAL, NON ?
OUI, C'EST TRÈS STRICT. PAS DE VIANDE : ON A DROIT UNIQUEMENT AUX HARICOTS, AUX SAUCISSES DE TOULOUSE, À LA GRAISSE D'OIE, ET AU CONFIT DE CANARD.
AH BON ?
C'EST UNE VERSION LOCALE : C'EST LE BOUDDHISME DE CASTELNAUDARY.
T'AS L'AIR DE T'Y CONNAÎTRE PAS MAL ...
C'EST PARCE QUE LES COLLÈGUES BOUDDHISTES M'ONT PRÊTÉ LE LIVRE SACRÉ ...
AH D'ACCORD, C'EST COMME LA BIBLE, QUOI.
OUI, MAIS EN MOINS GORE. LE BOUDDHISME, C'EST PLUS CALME.
LE BOUDDHISME POUR LES NULS

PEU APRÈS.
TU VOIS : MÊME MA CONDUITE EST DEVENUE ZEN.
C'EST VRAI. ET LES 6 APÉROS, ÇA A DÛ AIDER À TE DÉTENDRE AUSSI.
TIENS ? LA MARÉCHAUSSÉE ...
HÉ BÉ ? QU'EST-CE QUI T'ARRIVE, FERNAND ? TU FAIS SÉCHER TES DRAPS SUR TOI ?
IL EST DEVENU BOUDDHISTE.
BON EUH, TU PEUX SOUFFLER LÀ-DEDANS, S'IL TE PLAÎT ?
QUOI ?!
FAIRE DES ALCOOTESTS À L'HEURE DE L'APÉRO ... VOUS CHERCHEZ À CE QU'ON SOIT POSITIFS OU QUOI ? VOUS TROUVEZ ÇA MALIN ?
RESTE ZEN, FERNAND.
C'EST PAS NOTRE FAUTE, MONSIEUR FERNAND ... C'EST LE NOUVEAU CHEF DE BRIGADE, IL EST SÉVÈRE.
JE VAIS COURIR UN PEU POUR FAIRE DESCENDRE LE NIVEAU, SINON JE SUIS BON.
POUF POUF POUF
IL A UNE BONNE FOULÉE.
STOP
C'EST UN SPORTIF, NOTRE FERNAND. SOUVENT ON LE VOIT COURIR, QUAND IL EST POURSUIVI PAR SA FEMME.

998, 999, 1000 ...
BON, ÇA DEVRAIT ALLER. FILE-MOI TA SALOPERIE D'ALCOOTEST.
TU NE VEUX PAS REPRENDRE TON SOUFFLE, D'ABORD ? ON A LE TEMPS.
PFFFFF
0,49 GRAMME ! OUF, C'EST OK.
ON PEUT PARTIR, MAINTENANT ?
ATTENDEZ, VOUS N'AVEZ PAS VU L'ESTAFETTE : ON L'A RÉAMÉNAGÉE.
ET ON A UN MINIBAR, MAINTENANT !
GÉNIAL ...
ON SE PREND L'APÉRO ?
ALLEZ ... AU BOUDDHISME !
JEAN-MI, FAIT PÉTER LES CACAHUÈTES.

ET SOYEZ PRUDENTS SUR LA ROUTE.
T'INQUIÈTE.
QUELLE AGRÉABLE JOURNÉE ... ON EST BIEN, LÀ.
TU VOIS : ENCORE UN EFFET DU BOUDDHISME.
UN PEU PLUS TARD.
Y'A ENCORE UN KÉKÉ QUI ME SUIT À 20 CENTIMÈTRES DU PARE-CHOCS ...
ILS SONT PÉNIBLES, CES ABRUTIS.
ROOOO
PENG
ET VOILÀ ! ÇA DEVAIT ARRIVER.
RESTE ZEN, FERNAND.
T'INQUIÈTE : ON NOUS A ENSEIGNÉ UNE TECHNIQUE DE RELAXATION À BASE DE MÉDITATION TRANSCENDANTALE.
PIF
PAF
BENG
TU VOIS : JE SUIS TOUT CALME.
C'EST MARRANT : VU D'ICI, ÇA FAISAIT PENSER À DE LA BOXE, TA MÉDITATION TRANSCENDANTALE.
ET REGARDE : EUX SONT COMPLÈTEMENT ZEN, AUSSI.
C'EST VRAI ... ELLE EST VRAIMENT BIEN, TA RELIGION, FERNAND. JE CROIS QUE JE VAIS M'INSCRIRE. TU AS DES FORMULAIRES ?
FIN

AOÛT

horaires d' été : apéro avec fernand : 11h15 à 13h15 - 18h00 à 20h15 (avec interruption pour questions pour un champion)

	livraison fuel 800 litres	livraison pastis 1200 litres			Rugby tarbes/tarascon-con	
		apéro léger je passe le permis " transport scolaire "		Rugby toulouse reçoit toulon pot d' accueil (racheter du laxatif)		
faire le témoin pour le nouvel accident de travail de fernand (glissade bord piscine)						anniversaire de ma femme (faut pas que j' oublie elle s' appelle « angèle », pas « gisèle »)
		conférence au rex « le fleuve jaune »			visite du beau-frère et de sa marmaille (louer un pit bull)	
	grève !!! emmener ~~gisèle~~ angèle pour porter pancarte					

LE NUCLÉAIRE EST-IL DANGEREUX ?
COCOHIHAN!
MONSIEUR LESTRADE, VOUS ÊTES DONC AGRICULTEUR-ÉLEVEUR À TRICASTIN.
OUI, MON EXPLOITATION AGRICOLE JOUXTE LA CENTRALE NUCLÉAIRE DE TRICASTIN.
RACONTEZ-NOUS UNE JOURNÉE TYPIQUE D'UN AGRICULTEUR DE TRICASTIN.
LE JOUR VA SE LEVER. IL EST TEMPS DE DONNER À MANGER AUX CROCODILES.
CAR VOUS AVEZ UN ÉLEVAGE DE CROCODILES.
AH OUI, NOUS BÉNÉFICIONS D'UN CLIMAT ÉQUATORIAL.
ÇA N'A RIEN À VOIR AVEC LA CENTRALE ?
RIEN À VOIR. MAIS C'EST UN MOMENT MAGIQUE.
ON ENTEND LES PERROQUETS QUI CHANTENT DANS LES BOUGAINVILLIERS.

CAR IL FAIT DÉJÀ CHAUD.
OUI, À 5 HEURES DU MATIN, IL FAIT 35°C.
VOUS LEUR DONNEZ QUOI, À VOS CROCODILES ?
UN POULET.
UN POULET CHACUN ? ÇA NE FAIT PAS BEAUCOUP ...
DZZZZ !
NON, UN POULET POUR TOUT LE MONDE.
SPLAOUF
C'EST ... C'EST UN BEAU POULET, DITES DONC.
IL FAUT ÇA. C'EST QUE ÇA BOUFFE, UN CROCO DE 900 KG.
MAIS POUR QU'ILS SOIENT GROS COMME ÇA, VOS POULETS, VOUS DEVEZ LEUR DONNER DES ...
JE VOUS ARRÊTE TOUT DE SUITE. C'EST DU POULET BIO : AUCUN ADDITIF CHIMIQUE DANS SA NOURRITURE. QUE DU NATUREL.
MAINTENANT, ON VA AUX CHAMPS.
!
TIENS, C'EST CURIEUX. VOUS AVEZ CONSTRUIT UN TUNNEL POUR ALLER AUX CHAMPS ?
QUEL TUNNEL ? ON EST DANS LE CHAMP, LÀ.

ELLE EST PETITE, CETTE ANNÉE, MAIS ELLE A UNE BELLE COULEUR.
!
NOTEZ QU'ON EST TOUJOURS DANS L'AGRICULTURE RAISONNÉE : PAS D'ENGRAIS, PAS DE PESTICIDES, UNE TOMATE À L'HECTARE.
REGARDEZ-MOI CET IMBÉCILE, LÀ-BAS.
CELUI QUI FAIT DU SKI NAUTIQUE ?
IL NE FAIT PAS DE SKI NAUTIQUE : IL PÊCHE. C'EST DANGEREUX ICI, ON PEUT PRENDRE DES ABLETTES MUTANTES. ÇA A UNE FORCE INCROYABLE ...
LÂCHE-LA, MAURICE ! T'ARRIVERAS PAS À LA FATIGUER !
BON VENEZ, ON VA BOIRE UN COUP À LA MAISON.
ALORS ? IL A PAS UNE BELLE COULEUR, MON VIN BIO ?
IL A L'AIR SYMPATHIQUE. JE CROIS D'AILLEURS QU'AVEC LE CLIMAT, ÇA FAIT MONTER LE DEGRÉ D'ALCOOL ?
JE VAIS VOUS DIRE ÇA : CETTE ANNÉE, IL FAIT ...

58°.
AH OUI, QUAND MÊME. AVEC ÇA, ON PEUT PRENDRE UNE TORGNOLE AVEC UN DÉ À COUDRE.
TIENS, VOILÀ MA FILLE : MARIE-ANTOINETTE.
BONJOUR ...
... MONSIEUR ...
MADEMOISELLE ...
EN FAIT, LE NUCLÉAIRE, C'EST QUE DU PLUS.
JE PENSE QU'ON PEUT LE DIRE.
VOUS N'AVEZ PAS PEUR QUE ÇA PÈTE UN JOUR ?
MAIS NON, ON N'A PAS PEUR QUE ÇA EXPLOSE. COMME JE DIS, ON EST LES PLUS PRÈS : ON SERA LES PREMIERS AU COURANT.
DONC, VOUS POUVEZ ME GARANTIR QUE JE N'AI PAS ÉTÉ IRRADIÉ EN PASSANT DU TEMPS CHEZ VOUS.
MAIS BIEN SÛR QUE NON.
AH ZUT, JE N'AI PLUS DE BATTERIE ...
RIN RIN RIN
DÉSOLÉ, J'AI DES CROCODILES, MAIS PAS DE PINCES ...
DESCENDEZ, JE VAIS VOUS MONTRER UN TRUC.
ALLEZ-Y, TOUCHEZ LA BATTERIE.
ÇA VA SERVIR À QUOI ?
!?!
VOUS VOYEZ ? ÇA DÉMARRE.
VROOM
MAIS ... MAIS ...
VOUS ÊTES UN PEU CHARGÉ. FAITES ATTENTION PENDANT QUELQUES SEMAINES, LE TEMPS QUE ÇA PARTE.
ALLEZ, BON RETOUR.

FIN

ON REVIENT AUX FONDAMENTAUX : DES COUPS DE BOULE, DES COUPS DE LATTES ...
MAIS ATTENTION : TOUJOURS DANS L'ESPRIT DU JEU, ET HORS DE VUE DE L'ARBITRE.

MARION DE CORNILLON
BONJOUR TOUT LE MONDE ! VOUS ÊTES BIEN AVEC YVONNE, LA PSYCHOLOGUE DE FRANCE BLEU ... YVONNE QUI EST ...
BONNE
VOTRE PRÉNOM RIME AVEC LA VILLE D'OÙ VOUS APPELEZ. ET VOUS PASSEZ EN DIRECT LIVE SUR L'ANTENNE.
BONJOUR, C'EST MARION DE CORNILLON.
AVEC MON MARI, NOUS FORMONS VRAIMENT L'IMAGE DU BONHEUR.
AH, ÇA FAIT PLAISIR, UN COUPLE QUI MARCHE, PAR LES TEMPS QUI COURENT.
OUI, ET J'AI EU UNE IDÉE : JE VAIS LUI PARLER.
HOLA, VOUS ME FAITES PEUR ...
JE ME SUIS DIT : MARION, TU VIS AVEC UN HOMME MAGNIFIQUE, DOUX, AIMANT, GÉNÉREUX, TRAVAILLEUR ...
TU LUI DOIS LA VÉRITÉ.
NON ! NON NON ! QUOI QUE CE SOIT, JE VOUS LE DÉCONSEILLE !
VOUS CROYEZ ?
OUI, C'EST DANGEREUX, LA VÉRITÉ !
JE VAIS LUI DIRE QUAND MÊME ...
NON ! NE LE FAITES PAS !
THIBAULT, JE TE DOIS LA VÉRITÉ.
MARION, ARRÊTEZ !!
?

TU SAIS, TON COPAIN DIDIER QUI EST VENU ME REFAIRE LE GRENIER ...
AÏE AÏE AÏE ...
JE LUI AI OFFERT DU CAFÉ ET DES LANGUES-DE-CHAT ... EH BIEN, DE LANGUE-DE-CHAT EN LANGUE-DE-CHAT ...
NOOOON ! PAS DE DÉTAILS !
LES NÔTRES SE SONT CROISÉES, ENFOURNÉES, EMMÊLÉES, ENFOURAILLÉES, LÉCHÉES, SUCÉES, RÂPÉES, GRATTÉES !
OH, MISÈRE ...
ENSUITE NOS CORPS SE SONT RAPPROCHÉS, FRÔLÉS, INCRUSTÉS, ENCASTRÉS, MÉLANGÉS !
SLOURP
C'EST BIEN QUE TU ME LE DISES, MARION.
AH, IL A L'AIR DE BIEN LE PRENDRE, FINALEMENT, JE ME SUIS INQUIÉTÉE POUR RIEN.
MOI AUSSI, J'AI ENVIE DE TE PARLER ... TU SAIS, BÉATRICE, L'HÔTESSE DE L'AIR D'AIR FRANCE, QUI HABITE À CORNILLON.
HOLÀ ...
UN JOUR, IL Y AVAIT GRÈVE ET ELLE EST VENUE ME PRÉVENIR À LA MAISON ...
HO, LÀ, LÀ, JE REDOUTAIS ÇA ...

… ET JE LUI AI OFFERT UN CAFÉ.
PAS AVEC LES LANGUES-DE-CHAT ! PAS AVEC LES LANGUES-DE-CHAT !
ET DES LANGUES-DE-CHAT.
ÇA Y EST, C'EST LA MERDE.
DE LANGUE EN LANGUE, NOS CORPS SE SONT RAPPROCHÉS …
MAIS DIS DONC, T'ES UN SALAUD, T'AS FAIT ÇA AVEC L'HÔTESSE D'AIR FRANCE !
EH BEN, JE REGRETTE PAS M'ÊTRE TAPÉ ROGER LE BOULANGER !
HEIN ?!!
MAIS C'EST POUR ÇA QUE JE ME SUIS CHOPÉ STÉPHANIE LA FLEURISTE …
QUOI ?!? TU AS CHOPÉ STÉPHANIE LA FLEURISTE ?!!
C'EST PAS GRAVE ! C'EST PAS GRAVE !
QUAND JE PENSE QUE DIDIER LE CARROSSIER, IL A COUCHÉ QU'UNE SEULE FOIS AVEC MOI … PAR RESPECT POUR TOI !
MAIS TU N'ES QU'UNE TRAÎNÉE !
IL LE PENSE PAS ! IL LE PENSE PAS !
ET TOI, TU N'ES QU'UN BAISEUR DE BANLIEUE !
PAF PIF PAF
JE DIVORCE !
PIF
MOI AUSSI !
NON ! PAS DE GIFLES ! RESTEZ AU DIALOGUE !
ALORS, ÇA Y EST ? VOUS ÊTES CONTENTE ?
PARDON ?
VOUS AVEZ VU CE QUE VOUS AVEZ FAIT AVEC VOS CONSEILS À LA CON ?! BRISEUSE DE MÉNAGES !!
FIN

VOUS PRENDREZ BIEN QUELQUE CHOSE ?

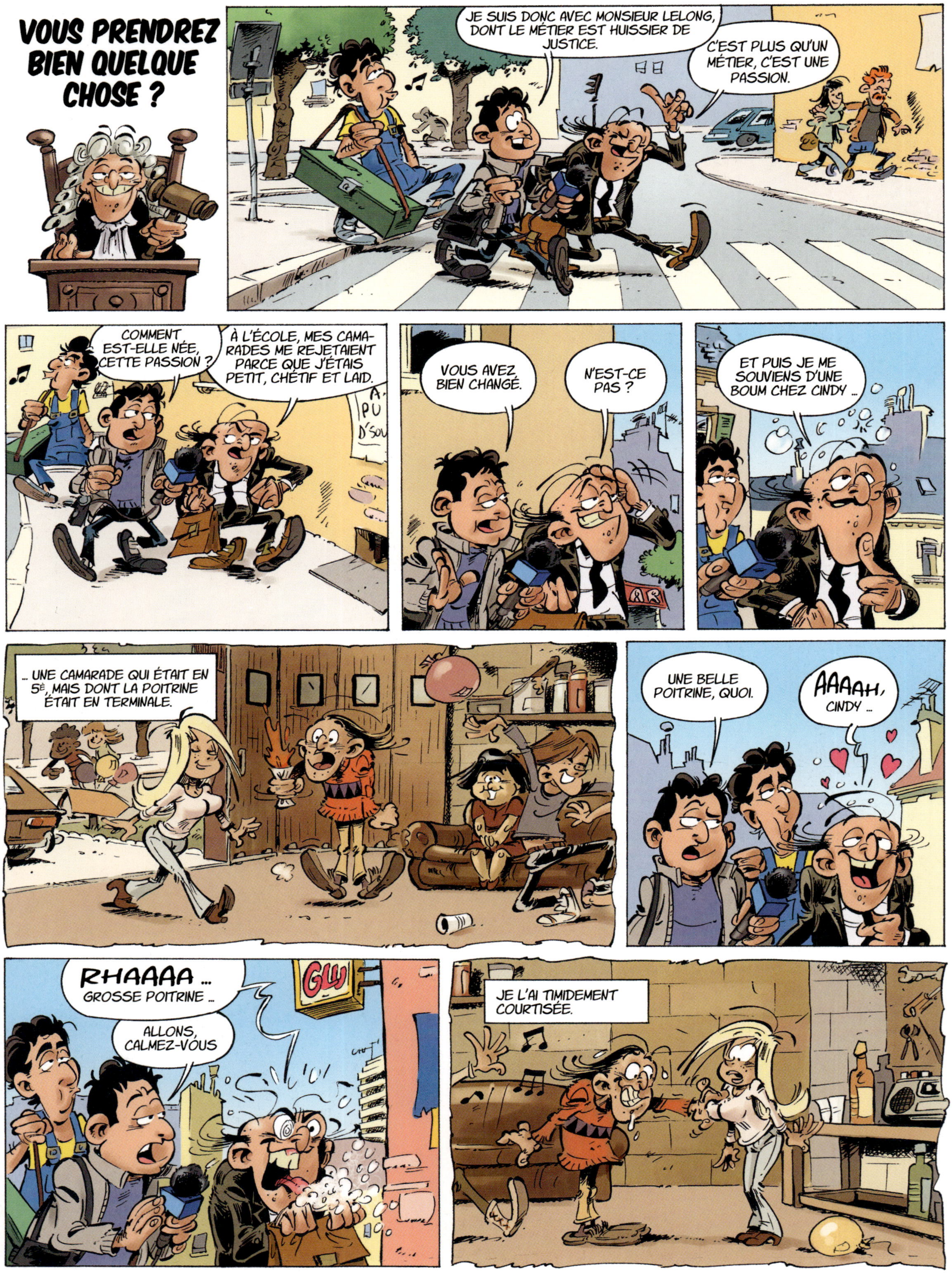

PAF
ELLE M'A MIS UNE CLAQUE.
MAIS POURQUOI, CINDY ?
T'AS VU TA GUEULE ? TU RESSEMBLES À RIEN.
DUR.
ALORS POUR ME VENGER, JE SUIS DEVENU HUISSIER.
FAMI
J'ADORE COMMANDER, ADMONESTER, MENACER, FAIRE PAYER ...
GGGG... GNNN...
NOUS SOMMES ICI CHEZ MONSIEUR TISSOT QUI DOIT 500 EUROS.
IGOR, FAITES SAUTER LA SERRURE.
MAIS ... POURQUOI FORCER LA PORTE ET FAIRE DES DÉGÂTS, ALORS QU'IL Y A QUELQU'UN ? ON L'ENTEND NETTEMENT. IL SUFFIT DE SONNER.
JE NE PEUX PAS : J'AI UN PANARIS.
CRAAAC

UNE SUCETTE ... JE SAISIS.
MMM, GOÛT CARAMEL. NOTEZ, IGOR.
SLURP
OÙ EST MONSIEUR TISSOT ?
DANS LE CERCUEIL.
AH, JE VOIS. ON CHERCHE À FUIR SES RESPONSABILITÉS, À ÉCHAPPER À LA JUSTICE.
OUVREZ, IGOR.
CRAAAC
ALORS NOUS DISONS : UNE ALLIANCE, UNE MONTRE, UNE CHAÎNETTE.
JE METS LE TOUT AUX ENCHÈRES. QUI FAIT UNE OFFRE ?
J'EN OFFRE 500 !

500 UNE FOIS ... 500 DEUX FOIS ...
ADJUGÉ À MONSIEUR, POUR 500 EUROS. FÉLICITATIONS, MONSIEUR.
POP
ÇA S'EST BIEN PASSÉ, ALORS ?
JE NE PEUX PAS ME PLAINDRE.
BON, EH BIEN MERCI POUR CETTE INTERVIEW, MONSIEUR LELONG. C'ÉTAIT TRÈS INSTRUCTIF.
DITES DONC, JE VOIS QUE VOUS N'AVEZ PAS MIS DE TICKET POUR LE PARKING ...
BEN NON, JE N'AVAIS PAS D'ARGENT SUR MOI ET ...
ALORS JE VAIS DEVOIR SAISIR LE VÉHICULE POUR NON-PAIEMENT ET INSOLVABILITÉ ORGANISÉE.
HEIN ?
IGOR ...
HÉ ! ATTENDEZ, JE L'OUVRE !
OÙ SONT MES CLEFS ...
KLING
KLANG
CRASH
MMM, CE VÉHICULE N'EST PAS EN TRÈS BON ÉTAT : CETTE VITRE CASSÉE VA FAIRE BAISSER SA VALEUR.
FIN

ÇA Y EST FERNAND, APRÈS TOUTES CES ANNÉES, ON L'A ENFIN DÉCOUVERTE ... LA SOURCE MYTHIQUE !
OUI ÉMILE, LA SOURCE DU JAUNE ! LE PASTIS À L'ÉTAT PUR ! AGENOUILLONS-NOUS ET PRIONS.
CGT

EN TERRE MÉCONNUE
ALORS ÉMILE ET FERNAND, VOUS ÊTES PRÊTS POUR CETTE PLONGÉE EN TERRE MÉCONNUE ?
ÇA FAIT UN PEU PEUR, MAIS ÇA ME BRANCHE.
MOI AUSSI. ALLEZ, ON TRINQUE POUR FÊTER ÇA !
TVC
C'EST NÉCESSAIRE, TOUS CES VACCINS ?
OUI, VOS ORGANISMES NE SONT PAS ADAPTÉS AUX RUDES CONDITIONS BIOLOGIQUES QUE VOUS ALLEZ RENCONTRER.
OUAÏE !!
VOS PASSEPORTS SONT PRÊTS. LES MASQUES, MAINTENANT.
ALLEZ, LE VERRE DU CONDAMNÉ.
GLOUP
QUELQUES HEURES PLUS TARD.
IL EST ENCORE LOIN, VOTRE AÉROPORT ? ÇA FAIT DES HEURES QU'ON ROULE.
ON NE PREND PAS L'AVION. NOUS SOMMES ARRIVÉS.
HEIN ?
VOUS PLAISANTEZ ?
VOUS POUVEZ ENLEVER VOS MASQUES.
OÙ SOMMES-NOUS ?
OH !
VOUS QUITTEZ LA ZONE LIBRE VOUS ENTREZ EN FRANCE DU NORD

LA LIGNE DE DÉMARCATION !
ON VA EN FRANCE DU NORD ?!?
PRÉPAREZ VOS PASSEPORTS. JE ME CHARGE DU BAKCHICH.
ET VOILÀ. NOUS Y ENTRONS.
FERNAND, J'AI PEUR.
ALLONS, ALLONS ...
VOUS NE CRAIGNEZ RIEN. TOUT CE QU'ON DIT SUR LA FRANCE DU NORD EST TRÈS EXAGÉRÉ.
ON ARIVE DANS UN VILLAGE.
J'APERÇOIS DES AUTOCHTONES.
KRRRRR
LYON
J'AI FAIM.
BLANG
KLANG
VOUS VOYEZ, ICI C'EST BEAUCOUP PLUS RICHE.
AH OUI, IL Y A DES VOITURES. JE VOIS UNE TRABANT, LÀ.
ÇA A L'AIR PLUTÔT MISÉRABLE ...
C'EST PARCE QUE C'EST LA BANLIEUE.

ÇA N'A PAS L'AIR TROP MAL, ICI.
MAIS OUI, OUBLIEZ LES PRÉJUGÉS.
C'EST VRAI, ON S'EMBALLE, ON S'EMBALLE. C'EST PAS SI TERRIBLE QUE ÇA, LA FRANCE DU NORD.
ÉMILE ! REGARDE, LÀ ! QUELLE HORREUR !
DES EMPLOYÉS MUNICIPAUX QUI TRAVAILLENT !
MON DIEU !
LYON
ARRÊTEZ ! ARRÊTEZ, MALHEUREUX !
?
?!
MAIS VOUS ÊTES FOUS DE TRAVAILLER COMME ÇA !
VOUS N'ÊTES PAS SYNDIQUÉS ?!?
SYNDIQUÉS ??!
VOUS NOUS PRENEZ POUR DES COMMUNISTES ?!?
ALLEZ, VENEZ.
ON LEUR A LAVÉ LE CERVEAU ... CE SONT DES INTÉGRISTES.
C'EST DE L'ESCLAVAGE. ON EST EN PLEIN MOYEN ÂGE ... QUEL CAUCHEMAR !

ON VA PRENDRE L'APÉRO POUR SE REMETTRE. LÀ, Y'A UNE TERRASSE.
C'EST MOI, OU IL COMMENCE À FAIRE FROID ?
BRRRR ... ÇA CHAUFFE PAS ASSEZ, CE TRUC.
ATTENDS.
EXCUSEZ-MOI, CE CHAUFFAGE EST LIBRE ?
UN JAUNE, S'IL VOUS PLAÎT.
UN QUOI ?
J'AI RÉCUPÉRÉ CE QUE J'AI PU.
QUEL CLIMAT !
JE VOUS SERS ?
NON, PAS D'EAU.
C'EST PAS DE L'EAU : C'EST DE L'ANTIGEL.
MON PASTIS EST DÉJÀ GELÉ !
ET IL NEIGE, MAINTENANT !
BEN C'EST NORMAL, C'EST LA SAISON.
UN 26 AOÛT ??!!
QU'EST-CE QUE ÇA TOMBE !
TIENS ? ILS JOUENT À LA PÉTANQUE, ICI ?

OUI, MAIS ICI ÇA SE PRATIQUE AVEC UN CHIEN D'AVALANCHE, EN PLUS DES BOULES.
UN CHIEN D'AVALANCHE ?
PROUF
LE POINT EST POUR MOI.
TU RIGOLES ? C'EST MOI !
ON VA VÉRIFIER. REX ! VAS-Y !
IL EST POUR MOI !
AH, C'EST À ÇA QUE SERT LE CHIEN D'AVALANCHE ...
J'EN PEUX PLUS DE VISITER LA FRANCE DU NORD. C'EST HORRIBLE.
ON VEUT RENTRER CHEZ NOUS.
N'ABANDONNEZ PAS SI VITE, IL Y A BIEN QUELQUE CHOSE QUI VA VOUS PLAIRE ...
OH, REGARDEZ !
JE NE SAVAIS PAS QU'ON JOUAIT AU RUGBY, ICI.
C'EST RÉCENT : AVEC LE RÉCHAUFFEMENT CLIMATIQUE, LES GLACIERS SE SONT RETIRÉS, ET IL Y A UN PEU DE PELOUSE.
COUPS DE LATTE, BOURRE-PIFS, TRAUMATISMES CRÂNIENS... ILS ONT DE LA TECHNIQUE.
C'EST UN PEU SOMMAIRE, MAIS ILS ONT L'AIR DE SE DÉBROUILLER.

OUAIS, MAIS ILS TRICHENT : ILS ONT FAIT VENIR DES ÉTRANGERS.
TU CROIS ?
REGARDE LES JOUEURS SUR LE BANC DE TOUCHE : CERTAINS DÉTAILS TRAHISSENT LEURS ORIGINES.
OUAIS, MAIS NOUS AUSSI ON LE FAIT : TU CROIS QUE C'EST UN NOM BASQUE, « DIMITI YACHVILI » ?
OUI, C'EST VRAI, IL EST DU BÉARN.
ON PEUT SE JOINDRE À VOUS ?
BIEN SÛR.
ÉMILE ! PASSE !
PENG
DIS DONC, T'ES PAS PENSIONNÉ EN INVALIDITÉ À LA SÉCU, TOI ?
TOUT DE SUITE, LES REMARQUES DÉSOBLIGEANTES...
ÇA N'A RIEN À VOIR : C'EST DU RUGBY, PAS DU TRAVAIL. ET PUIS JE SUIS SEULEMENT HANDICAPÉ À 75 %.

UN PEU PLUS TARD.
ILS SONT UN PEU FRAGILES, ENCORE.
C'EST LE TEMPS, ÇA : AVEC CE FROID, LES OS CASSENT COMME DU VERRE.
IL Y EN A QUI SIMULENT, AUSSI ... DIS DONC, TOI, TU CROIS PAS QUE T'EN FAIS UN PEU TROP ?
OUAÏE
VOUS ÊTES FORTS.
BAH, C'EST L'EXPÉRIENCE. ET FERNAND EST TRÈS VICIEUX, AUSSI : IL CONNAÎT TOUS LES COUPS SOURNOIS.
TU ME FLATTES.
TENEZ, LA FOURCHETTE... UN GRAND CLASSIQUE. MAIS BIEN EXÉCUTÉ, C'EST TRÈS EFFICACE.
PIC !
OOOOOOOOOH
VOTRE ADVERSAIRE EST NEUTRALISÉ À PEU DE FRAIS.
OUILLE ! AÏE !
IL Y A LE COUP DE COUDE ARRIÈRE VRILLÉ, AUSSI.
KLONK
CLAP CLAP CLAP CLAP
SI C'EST FAIT DANS UN BON ESPRIT, ENTRE GENTLEMEN, ÇA RESTE FAIR-PLAY.
CLAP CLAP CLAP

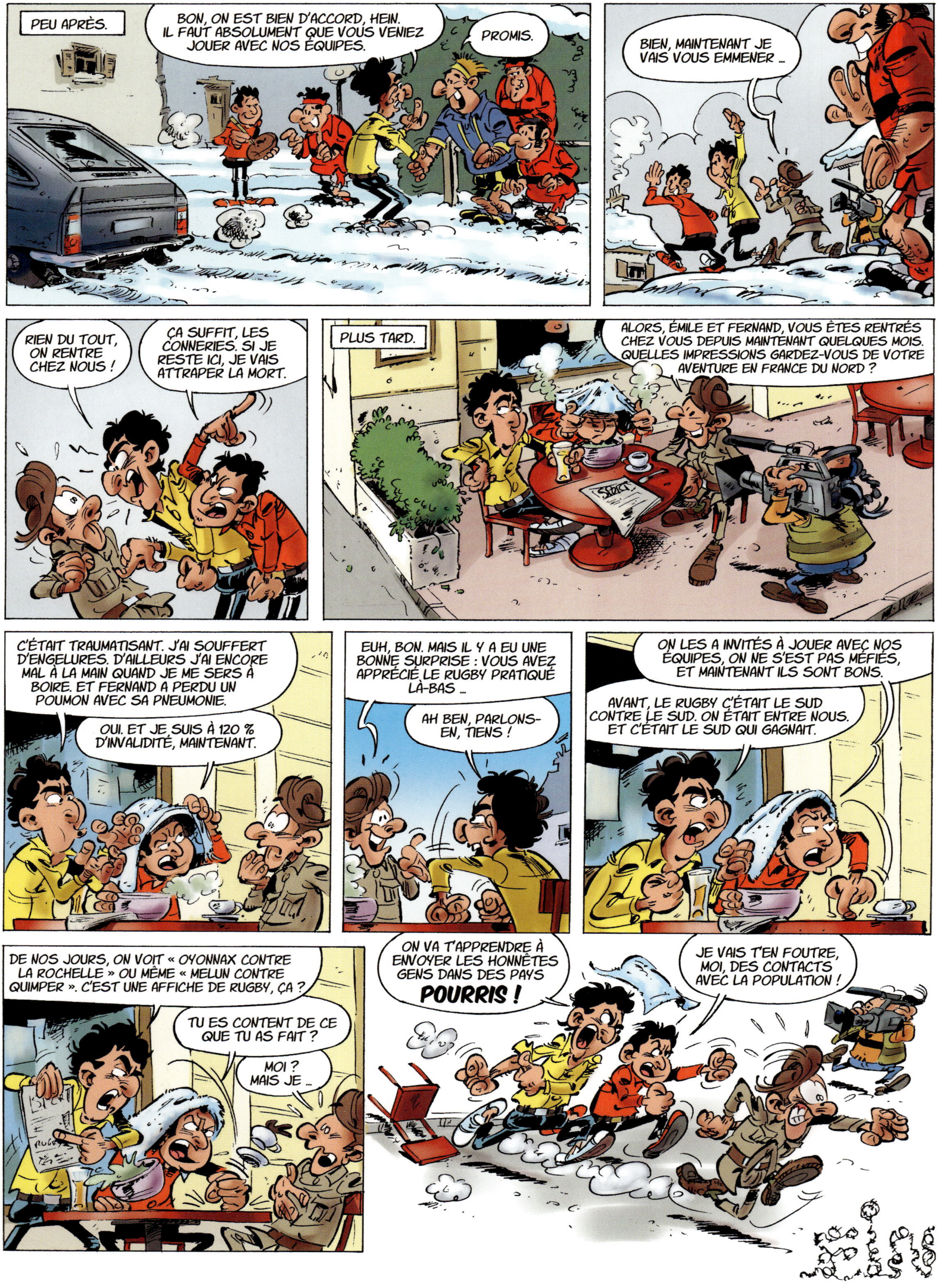
PEU APRÈS.
BON, ON EST BIEN D'ACCORD, HEIN. IL FAUT ABSOLUMENT QUE VOUS VENIEZ JOUER AVEC NOS ÉQUIPES.
PROMIS.
BIEN, MAINTENANT JE VAIS VOUS EMMENER ...
RIEN DU TOUT, ON RENTRE CHEZ NOUS !
ÇA SUFFIT, LES CONNERIES. SI JE RESTE ICI, JE VAIS ATTRAPER LA MORT.
PLUS TARD.
ALORS, ÉMILE ET FERNAND, VOUS ÊTES RENTRÉS CHEZ VOUS DEPUIS MAINTENANT QUELQUES MOIS. QUELLES IMPRESSIONS GARDEZ-VOUS DE VOTRE AVENTURE EN FRANCE DU NORD ?
C'ÉTAIT TRAUMATISANT. J'AI SOUFFERT D'ENGELURES. D'AILLEURS J'AI ENCORE MAL À LA MAIN QUAND JE ME SERS À BOIRE. ET FERNAND A PERDU UN POUMON AVEC SA PNEUMONIE.
OUI. ET JE SUIS À 120 % D'INVALIDITÉ, MAINTENANT.
EUH, BON. MAIS IL Y A EU UNE BONNE SURPRISE : VOUS AVEZ APPRÉCIÉ LE RUGBY PRATIQUÉ LÀ-BAS ...
AH BEN, PARLONS-EN, TIENS !
ON LES A INVITÉS À JOUER AVEC NOS ÉQUIPES, ON NE S'EST PAS MÉFIÉS, ET MAINTENANT ILS SONT BONS.
AVANT, LE RUGBY C'ÉTAIT LE SUD CONTRE LE SUD. ON ÉTAIT ENTRE NOUS. ET C'ÉTAIT LE SUD QUI GAGNAIT.
DE NOS JOURS, ON VOIT « OYONNAX CONTRE LA ROCHELLE » OU MÊME « MELUN CONTRE QUIMPER ». C'EST UNE AFFICHE DE RUGBY, ÇA ?
TU ES CONTENT DE CE QUE TU AS FAIT ?
MOI ? MAIS JE ...
ON VA T'APPRENDRE À ENVOYER LES HONNÊTES GENS DANS DES PAYS **POURRIS** !
JE VAIS T'EN FOUTRE, MOI, DES CONTACTS AVEC LA POPULATION !